MYRTIL

ET

LYCORIS.

MYRTIL
ET
LYCORIS,
PASTORALE.

Et fugit ad ſalices, & ſe cupit ante videri. Virg. Eglogue.

Repréſentée devant LEURS MAJESTÉS, à Choiſy, en Septembre 1778.

DE L'IMPRIMERIE

De P. R. CHRISTOPHE BALLARD, ſeul Imprimeur pour la Muſique de la Chambre & Menus-Plaiſirs du Roi, & ſeul Imprimeur de la Grande-Chapelle DE SA MAJESTÉ.

M. DCC. LXXVIII.

Par exprès Commandement de SA MAJESTÉ.

Les Paroles ſont de MM. BOCQUET & BOUTELLIER.

La Muſique eſt de M. DESORMERY.

Les Ballets ſont de la Compoſition de M. LAVAL, Maître des Ballets de SA MAJESTÉ.

ACTEURS DES CHŒURS.

LES DEMOISELLES.

Camus.
Dumas.
Dubuiſſon.
d'Hauterive.
Duſſé.
Gavaudan C.

LES SIEURS.

Puceneau.
Leroux.
Tourette.
Parent.
Abraham.
Surville.
Larlat.
Buquet.
Couſſi.
Marcou.
Méon.
Cauchoix.
Puteau.
Candeille.
Cavalier.

PERSONNAGES DANSANS.

PREMIER DIVERTISSEMENT.

BERGERS ET BERGERES.

Le Sr. VESTRIS F. La Dlle. CECILE.

Les Srs. Baré, la Haye, Caſter.

Les Dlles. Coulon, Cléofille, Muler.

SECOND DIVERTISSEMENT.

BERGERS ET BERGERES.

Le Sr. VESTRIS. La Dlle. GUIMARD.

Les Srs. Baré, la Haye, Caſter.

Les Dlles. Coulon, Cléofille, Muler.

FAUNES ET DRYADES.

Le Sr. GARDEL l. La Dlle. HEINEL.

Les Srs. Leger, Laval fils, Aubry.

Les Dlles Gaudot, Delfevre, Thévenot.

PASTRES ET PATOURELLES.

Le Sr. MARCADET.

Les Dlles. ALARD, PESLIN.

Les Srs. Doſſion, Giguet, Rogier, Guillet.

Les Dlles. Lafond, Crepeaux, Gibaſſier, Thiery.

ACTEURS.

LYCORIS, *jeune Nymphe*, La Dlle. La Guerre.

MYRTIL, *jeune Berger*, Le Sr. Laîné.

CHLOÉ, } *Bergeres*, La Dlle. Le Bourgeois.

ISMENE, } *Bergeres*, La Dlle. Gavaudan, l.

BERGERS, BERGERES.

FAUNES ET SYLVAINS.

NYMPHES ET DRYADES.

PASTRES ET PASTOURELLES.

La Scène est dans l'Isle de Délos.

MYRTIL.

MYRTIL ET LYCORIS.

(Le Théâtre représente au fond une campagne agréable ; d'un côté des Rochers formants plusieurs détours, & dont le sommet est couvert de bois fleuris ; au pied de l'un de ces rochers sort une source qui forme une espèce de fontaine, de l'autre côté un bocage & un hameau.)

SCÈNE PREMIÈRE.

LYCORIS, *seule.*

L'ART de charmer,
N'est pas toujours celui de bien aimer,

De la ruſe tentons l'uſage ;
Mon cœur te rend hommage :
Permets, Amour,
Cet innocent détour,
Pour toucher l'Amant qui m'engage !
L'art de charmer
N'eſt pas toujours celui de bien aimer.

En ce moment, Dieu de Cythère,
Je ſens que ton flambeau m'éclaire :
Tu ne pouvais, pour m'engager,
Choiſir un plus charmant Berger.
Myrtil eſt fait pour plaire ;
Mais l'art de charmer
N'eſt pas toujours celui de bien aimer.
Je veux venger les Belles qu'il outrage ;
Myrtil n'eſt point Amant :
Imitons la fierté, répétons le langage
De ce Berger indifférent :
C'eſt pour en triompher, peut-être,
Le ſeul moyen qu'amour me fait connaître.

(*Simphonie champêtre.*)

Myrtil s'avance dans ces lieux !
Le ſon de ces haut-bois ſemble annoncer des jeux......

Retirons-nous ; j'apperçois des Bergeres
Sur ſes pas, s'empreſſer par leurs danſes légères....
Myrtil eſt l'objet de leurs vœux,
Il n'eſt pas tems encor de m'offrir à ſes yeux.

(*Elle ſort.*)

SCÈNE SECONDE.

MYRTIL, CHLOÉ, ISMÈNE,

BERGERS ET BERGERES.

CHŒUR, *pendant lequel on danse.*

Au Dieu d'Amour, Bergers, rendés les armes ;
Pourquoi vous défendre d'aimer ?
Banniſſés de vaines allarmes ;
Le bonheur eſt de s'enflammer.

CHLOÉ.

Si l'Amour dans ſes chaînes
Cauſe quelques tourmens ;
Si l'on ſe plaint de ſes peines,
C'eſt quelquefois la faute des Amans.

CHŒUR.

Au Dieu d'Amour, *&c.*

ISMÈNE.

Tôt ou tard il faut ſe rendre,
Tout doit aimer;
On doit avoir un cœur tendre,
Quand on a le don de charmer.

CHŒUR.

Tôt ou tard, &c.

MYRTIL.

Je fuis les loix du Dieu de la tendreſſe;
Pourquoi chercher à m'engager?
L'amour n'a rien qui m'intéreſſe;
Des traits dont il bleſſe
J'ignore la douceur, mais je crains le danger.

ISMÈNE.

D'une roſe
Fraîche écloſe,
Nous brûlons de jouir;
Les armes qu'elle oppoſe
Irritent notre deſir.
Au péril on s'expoſe,
Et l'on ôſe
La ravir:

L'attente du plaisir
Qui nous entraîne,
Nous fait braver la peine
Qu'on trouve à la cueillir.

De l'Amour telle est l'image;
L'on s'arme en vain de courage,
Pour résister à ses appas:
Ce Dieu, sûr de l'avantage,
Sourit, & répete tout bas,

D'une rose, &c.

CHŒUR.

Tôt ou tard il faut se rendre,
Tout doit aimer;
On doit avoir un cœur tendre,
Quand on a le droit de charmer.

(Danses des BERGERS & BERGERES, qui peignent à MYRTIL, dans leurs jeux, les plaisirs d'un amour mutuel. Tous se groupent pour en enchaîner MYRTIL avec des guirlandes de fleurs.)

CHLOÉ.

Berger trop insensible,
Cédés, faites un choix.

ISMÈNE.

Non, il n'eſt pas poſſible
Qu'Amour ſur vous n'ait point de droits.

CHLOÉ.

Nommés l'aimable Nymphe, ou l'heureuſe Bergere
Qui ſçait vous enflammer.

ISMÈNE.

Songés que le bonheur de plaire
N'eſt rien ſans le plaiſir d'aimer.

ENSEMBLE.

Berger trop inſenſible,
Cédés, faites un choix :
Non, il n'eſt pas poſſible
Qu'Amour ſur vous n'ait point de droits.

MYRTIL.

Ceſſés, Bergers, ceſſés de prendre
A mon deſtin un intérêt ſi tendre ;

Je voudrais répondre à vos vœux ;
Mais mon cœur ne ſçaurait remplir votre eſpérance.
Flatté de tous vos ſoins, enchanté de vos jeux,
Il ne peut vous offrir que ſa reconnoiſſance.

ISMÈNE ET CHLOÉ, *avec* LE CHŒUR.

C'eſt trop ſouffrir ces mépris odieux ;
Fuyons : Amour, c'eſt toi que l'on offenſe,

BERGERES.

Venge-toi, venge-nous de ſon indifférence.

BERGERS.

Venge-les, venge-toi de ſon indifférence.

(Ils ſortent tous avec dépit.)

SCÈNE TROISIÈME.

MYRTIL, *seul.*

Enfin je ſuis libre en ces lieux !
Le ſilence de cet aſyle
Convient à mon âme tranquille......
Mais de la Nymphe qu'une fois
Le haſard m'offrit dans ces bois,
Pourquoi me retracer une agréable image ?
Ah ! ſi jamais l'amour me preſcrivait un choix,
Elle ſeule aurait mon hommage......
Que dis-je ? eh ! quel eſt ce langage ?
Un cœur indifférent devrait-il le tenir ?
De cet objet chaſſons juſques au ſouvenir.

En ce ſéjour mon cœur eſt ſans alarmes,
J'y trouve ma félicité ;
Il perdrait bien-tôt de ſes charmes,
S je perdais ma liberté.
L'Amour n'eſt qu'un triſte eſclavage ;
Je ſuis heureux, rien ne m'engage....

Mais de la Nymphe qu'une fois
Le hasard m'offrit en ces bois,
Pourquoi toujours me retracer l'image ?
C'est trop m'en occuper ..... je ne la verrai plus,
Pourquoi nourrir des regrets superflus ?

En ce séjour, mon cœur est sans alarmes,
J'y trouve ma félicité;
Il perdrait bien-tôt de ses charmes,
Si je perdais ma liberté.

Sur ce gazon, le frais de cet ombrage
Invite aux douceurs du repos.

(MYRTIL s'assied au bord de la fontaine & cherche à s'endormir.)

SCÈNE QUATRIÈME.

MYRTIL, LYCORIS, *au fond du Theâtre.*

LYCORIS, *à part.*

MYRTIL est seul en ce bocage!
Du sommeil, sur ses yeux, dissipe les pavots,
Amour! protège, au moins, l'espoir qui me seconde.

(*Elle monte sur le rocher, au pied duquel* MYRTIL *est assis, & regarde furtivement.*)

MYRTIL.

Que le pur cristal de cette onde,
A l'abri de Borée & des chaleurs du jour,
Retrace bien la paix profonde
D'un cœur qui fuit l'Amour.

LYCORIS, *cachée aux yeux de* MYRTIL, *répete ces derniers mots :*

Qui fuit l'amour!

MYRTIL.

Qu'entends-je ?.... De ces lieux qui trouble
le ſilence?
Eſt-ce l'écho qui répond à ma voix?
O! toi que l'univers encenſe,
Pour me ſoumettre à ta puiſſance,
Dieu de Paphos, prend ton carquois;
Je te déſie.....

LYCORIS, *de même.*

Je te déſie.

MYRTIL.

De tes traits fais un choix.

LYCORIS, *de même & continue.*

Fais un choix;
Indifférent toute la vie,
Mon cœur ſe ſouſtrait à tes loix.

MYRTIL.

On me répond.... on prévient ma penſée...
Ah! ſi c'était l'objet......mais quelle vaine
idée!....
Écoutons ..... on ſe tait ..... Pourquoi vous
alarmer,

Nymphe, pourquoi ceſſer un ſi charmant
langage ?
Le bonheur nous preſcrit de ne jamais
aimer ;
Mais quoi, pour n'aimer pas, ſaut-il être
ſauvage ?

LYCORIS, *ſans être vu de* MYRTIL.

Je dois fuir les dangers que m'offre ce ſéjour,
Tous les Bergers n'y parlent que d'amour.

MYRTIL.

D'un Dieu jaloux de ſa puiſſance,
Pour mieux braver la ſuperbe vengeance,
Avec moi ſoyés de moitié,
Uniſſons nos accens, ſoyons d'intelligence ;
Nos cœurs ſeront ſoumis à l'amitié.

LYCORIS, *de même.*

Souvent de l'amitié l'amour prend le langage.

MYRTIL.

D'un ſentiment ſi pur ne prenés point
d'ombrage ;

Lui seul pour vous vient m'animer.
D'un nœud si doux goûtons les charmes ;
Nos plaisirs seront sans alarmes,
Rien ne pourra nous enflammer.
Nymphe, cédés à mon impatience :
Myrtil vous en conjure, offrés-vous à ses yeux ;
Ce n'est point un amant qui veut votre présence......
Eh ! quoi votre amitié se refuse à mes vœux !
Ah ! je saurai vous trouver en ces lieux.

(Il sort du côté qu'il a entendu la voix de LYCORIS. *)*

LYCORIS, *paraissant sur le premier plan du rocher.*

Non, laissés-moi vous éviter sans cesse ;
A me suivre, Myrtil, ne vous obstinés pas.

(Elle disparoît.)

MYRTIL, *à la place de* LYCORIS, *sur le rocher*

Quelle rigueur ! pourquoi me fuir, helas ?
Écoutés moins la terreur qui vous presse.

(Il sort.)

LYCORIS, *reparaissant aussi-tôt sur le second plan du rocher.*

Non, non je veux vous éviter sans cesse,
A me suivre, Myrtil, ne vous obstinés pas.
(Elle disparaît)

MYRTIL, *à la place de* LYCORIS.

Arrêtés.... vainement vous me fuyés sans cesse,
Un sentiment vainqueur m'attache sur vos pas.
(Il sort.)

LYCORIS, *seule, revenant sur la scène.*

Voici l'instant de la victoire,
Achève, Amour, il y va de ta gloire.
A ton char Myrtil s'est lié,
Il croit ceder à l'amitié :
Achève, Amour, il y va de ta gloire.

(Elle sort & monte sur le premier plan du rocher, d'où elle épie & regarde furtivement MYRTIL.*)*

MYRTIL, *rentrant ſur la ſcène.*

En vain j'ai parcouru ces lieux ...
Un ſort jaloux la dérobe à mes yeux.
Quelle eſt donc cette Nymphe ? Elle rit de ma peine ! ....
A la chercher quel mouvement m'entraîne ?
Pourquoi formai-je des deſirs !
Elle ſemble, en fuyant, m'enlever des plaiſirs.

Il regarde de côté & d'autres, & voit l'image de LYCORIS *qui reflèchit dans l'onde, du haut du rocher où elle eſt.*)

Mais que vois-je ? Dieux ! quelle image !
Dans le criſtal des eaux .... N'eſt-ce point une erreur ?
(*En levant la tête.*)
O ciel ! ... voilà l'objet de mon hommage !
Moment délicieux !

LYCORIS, *interdite.*

Qu'ai-je fait ?

MYRTIL, *avec tranſport.*

Mon bonheur :

Je

Je le ſens aux tranſports qui pénètrent mon
âme ;
L'Amour vient d'y lancer tous les traits de
ſa flâme :
L'inſtant qui vous offre à mes yeux,
Remplit mon cœur de mille feux.

LYCORIS.

Pour un indifférent, quel étrange langage !
De l'amitié vos chants exprimaient la douceur.

MYRTIL.

D'un ſentiment plus vif c'était le faible
gage ;
Et mon trouble ſecret annonçait mon vainqueur.
Pour jouir de votre conquête,
Nymphe, quittés votre retraite.
Mille Belles en vain ont voulu m'enflâmer,
J'ai ſçu réſiſter à leurs charmes :
Mais en ce jour mon cœur vous rend les
armes ;
C'eſt de vous & pour vous que j'apprends
l'art d'aimer.

LYCORIS.

Un instant peut éteindre un feu qu'il a vu
naître,
Et Lycoris....

MYRTIL, *volant au-devant d'elle.*

Ne doit plus disparaître ;
Quand on a vu vos attraits,
Nymphe, le cœur répond de ne changer
jamais.

DUO.

Vous avés mon premier hommage,
Je brûlerai toujours des mêmes feux.

LYCORIS.

Si votre cœur n'est point volage,
Il m'est bien doux de couronner vos vœux.

MYRTIL.

La liberté n'a plus pour moi de charmes,
L'Amour a détruit mon erreur,
Et Lycoris du triomphe a l'honneur.

LYCORIS.

La vanité m'avait prêté des armes,
Le dépit n'eſt plus dans mon cœur,
Et l'amour ſeul du triomphe a l'honneur.

Chantés l'amour dans ces retraites,
Nymphes, Sylvains, accourés, Dieux des bois.

MYRTIL.

Venés, Bergers, au ſon de vos muſettes,
Venés applaudir à mon choix.

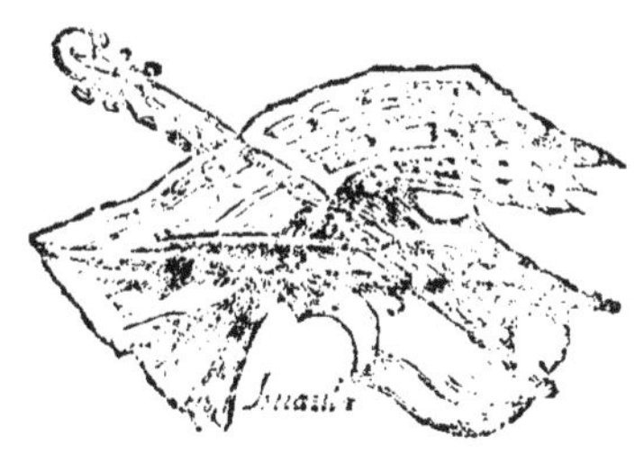

SCÈNE CINQUIÈME & *dernière.*

MYRTIL, LYCORIS, FAUNES, SYLVAINS, NYMPHES & DRYADES, PASTRES & PASTOURELLES.

CHŒUR.

De l'Amour célébrons la nouvelle victoire,
Il soumet Myrtil à ses loix,
Et Lycoris en a la gloire :
Applaudissons tous à son choix.

(*On danse.*)

LYCORIS.

Vous, à qui tout rend hommage,
Retenés bien ce langage :
C'est sur l'aîle du desir
Qu'un amant vole au plaisir.
Zéphir volage
Est son image ;
C'est peu d'en triompher,
Voulés-vous le fixer ?

Paraiſſés ſenſible & cruelle,
Tour à tour ;
Rien n'irrite plus l'amour
Qu'une beauté rebelle :
C'eſt ſur l'aîle du deſir
Qu'un amant vole au plaiſir.

(*Entrée de Paſtres & Paſtourelles.*)

MYRTIL.

Amour, quelle folie
De fuir tes nœuds !
Sans toi, dans la vie,
Peut-on être heureux ?

CHŒUR.

Amour, &c.

MYRTIL.

Il faut ſouvent uſer d'adreſſe
Pour toucher un indifférent.

LYCORIS.

Il faut égayer la tendreſſe,
Pour arrêter un inconſtant.

CHŒUR.

Amour, &c.

MYRTIL.

Si l'amour ſourit à vos vœux,
Laiſſés ſon bandeau ſur vos yeux.

LYCORIS.

Mais ſi ce Dieu léger vôle vers d'autres Belles,
Saiſiſſés ſon flambeau pour lui brûler les aîles.

MYRTIL.

Ce Dieu n'eſt plus volage, il ſe fixe en ces lieux.

LYCORIS.

Pour reſſerrer ſa chaîne uniſſons-nous tous deux.

ENSEMBLE, *avec le* CHŒUR.

Amour quelle folie
De fuir tes nœuds!
Sans toi, dans la vie,
Peut-on être heureux?
Brûlons tous de tes feux.

Un Ballet général termine la Paſtorale.

19

www.ingramcontent.com/pod-product-compliance
Ingram Content Group UK Ltd.
Pitfield, Milton Keynes, MK11 3LW, UK
UKHW022146260726
13993UKWH00005B/2189

9 782329 466316